Inhalt

Flüssiggas - Einstiger Exot der Energiebranche hat Konjunktur

Kernthesen

Beitrag

Fallbeispiele

Zahlen und Fakten

Weiterführende Literatur

Impressum

Flüssiggas - Einstiger Exot der Energiebranche hat Konjunktur

Autor GENIOS BranchenWissen: A.Schneider

Kernthesen

- Europas Interesse an Verflüssigtem Erdgas (LNG) wächst, um den hohen Erdgasbedarf künftig zu sichern und eine Alternative zum russischen Pipeline-Erdgas aufzubauen.
- Die weltweiten LNG-Produktionskapazitäten (+25% gegenüber Vorjahr), das LNG-Handelsvolumen (+10%) und die LNG-Tankerflotte (+12%) wachsen.
- Der derzeit weltgrößte LNG-Exporteur ist Indonesien (19%). Japan ist der größte Importeur (43%). Deutschland nutzt noch

keinerlei flüssiges Erdgas.
- Die deutschen Energieversorger sind bisher mit ihren Aktivitäten im LNG-Geschäft zurückhaltend, bringen sich aber allmählich in Position.
- Eon Ruhrgas reaktiviert die Pläne für eine Anlandestation in Wilhelmshaven, RWE engagiert sich am Bau einer Verflüssigungsanlage im Nildelta und Linde baut eine Großanlage in Norwegen.

Beitrag

Der russisch-ukrainische Gasstreit hat Westeuropa gezeigt, wie labil die eigene Energieversorgung ist. Flüssiges Erdgas aus aller Welt scheint eine verlockende Alternative. Auch deutsche Konzerne bringen sich bereits in Position.

Flüssiges Erdgas hat Konjunktur in der Energiebranche

Der russisch-ukrainische Gasstreit zu Jahresanfang hat den Westeuropäern gezeigt, wie anfällig und unsicher im Ernstfall ihre erdgasbasierte Energieversorgung ist. Seither suchen die

Regierungen und Unternehmen verstärkt nach Diversifizierungsmöglichkeiten. Im Zuge dessen kreisen die Gedanken auch wieder um das Thema verflüssigtes Erdgas.

Denn Flüssiggas (engl. Liquefied Natural Gas LNG), also Erdgas, das per Schiff in die Verbrauchsregion transportiert wird, ist keineswegs eine neue Erfindung. Bereits 1914 wurde in den USA ein Patent für den Transport von verflüssigtem Erdgas mittels Lastkähnen angemeldet. Erste Transportversuche fanden 1954 auf einem umgebauten Massengutfrachter statt. Anfang der 60er Jahre startete Algerien das erste kommerzielle LNG-Projekt. (1) Ein Bezug von Flüssigerdgas in großem Stil war allerdings vielen Ländern bisher zu kompliziert und zu teuer, und sie gaben Pipelines den Vorzug. Auch nach Deutschland wird das Erdgas ausschließlich via Pipelines geliefert. Japan hingegen bezieht sein Gas schon heute ausschließlich in flüssiger Form.

Nun wollen etliche EU-Länder, so auch Deutschland, ihre oft einseitige Abhängigkeit von einzelnen Erdgas-Lieferländern reduzieren und die Versorgung mit dem Energieträger Erdgas auf eine breitere Basis stellen. Neben der stärkeren Diversifizierung kommt noch ein weiterer Motivator hinzu: Europa kann seinen enormen Gasbedarf künftig wohl nicht mehr ausschließlich über Pipelines decken. Zu diesem

Ergebnis kommt eine aktuelle Studie von McKinsey. Der Anteil von Erdgas an der europäischen Stromproduktion wird sich von heute rund 23 Prozent auf mehr als 44 Prozent im Jahre 2020 fast verdoppeln. Erdgas wird nach Uran und Kohle der Hauptstromlieferant in Europa sein. Die Gasimporte müssten dann um rund 130 Prozent steigen. Das wäre allein mit Pipelines nicht zu schaffen. Nach den Ergebnissen der McKinsey-Studie wird Europa im Jahr 2020 knapp ein Viertel des Bedarfs als verflüssigtes Erdgas importieren müssen. (2)

LNG-Flotte wächst, Herstellungs- und Verschiffungskosten sinken

Flüssigerdgas entsteht, wenn Erdgas bei rund minus 162 Grad in riesigen Kühlanlagen (sog. Coldboxes) verflüssigt wird. Dabei schrumpft das Erdgas auf ein Sechshundertstel seines ursprünglichen Volumens. Der Hauptvorteil von Flüssiggas besteht darin, dass es beim Transport nicht mehr ausschließlich an Pipelines gebunden ist, sondern auch auf der Straße, der Schiene und vor allem auf dem Wasser transportiert werden kann. Dazu wird es in Dickschiffe gepumpt, die so groß wie drei Fußballfelder sind und bis zu 140 000 Kubikmeter LNG aufnehmen können, genug um mehr als 30 000

Haushalte ein ganzes Jahr lang zu heizen.
Die LNG-Tankerflotte bestand Ende 2005 aus 191 Schiffen mit einer Ladekapazität von gut 23 Millionen Kubikmeter. Die Zahl der Schiffe stieg in den letzten fünf Jahren um rund 70 Prozent, die Ladekapazität sogar um 80 Prozent. Allein im vergangenen Jahr legte die LNG-Tankerflotte um 12,2 Prozent zu. Klar: Im Vergleich zur weltweiten Öltankerflotte hört sich das alles noch sehr bescheiden an. Diese besteht aus rund 6 000 Schiffen. (1)
Am Zielort angekommen wird das Flüssiggas wieder erwärmt, dadurch verdampft und in die Netze eingespeist oder direkt zur Stromerzeugung genutzt. In den vergangenen Jahren sind die Herstellungs- und Verschiffungskosten von LNG deutlich gesunken. Heute ist das Tiefkühlgas ab einer Transportstrecke von 3 000 Kilometern billiger als Erdgas per Pipeline. (3)

LNG-Angebot und LNG-Nachfrage steigen weltweit

Die LNG-Produktionskapazitäten wurden 2005 gegenüber dem Vorjahr um rund 25 Prozent auf über 168 Millionen Tonnen pro Jahr ausgebaut. Weitere 70 Millionen Tonnen pro Jahr sind derzeit im Bau, weitere rund 88 Millionen Tonnen pro Jahr sind in

einem konkreten Planungsstadium.
Das weltweite Handelsvolumen dürfte 2005 rund 200 Milliarden Kubikmeter LNG betragen haben. Das sind über zehn Prozent mehr als im Vorjahr. Damit wurde rund ein Viertel des weltweit gehandelten Erdgases als Flüssiggas gehandelt. Innerhalb der nächsten 25 Jahre wird mit einer Verdoppelung auf 50 Prozent gerechnet. (4)

Die Anzahl der LNG-Anbieterländer ist in den letzten Jahren von neun auf zwölf gestiegen. Der derzeit weltgrößte LNG-Exporteur ist Indonesien. Sein Anteil am Welt-LNG-Export betrug 2004 fast 19 Prozent. [Abb.1] Weitere wichtige Herkunftsländer sind Malaysia, Algerien und Katar. Länder wie Trinidad, Nigeria und Australien drängen in den Markt. Kleinere Mengen liefern Brunei, der Oman, die Vereinigten Arabischen Emirate, die USA und Libyen. Auch Ägypten exportiert seit 2005 Flüssiggas.

Derzeit gehen über 80 Prozent der globalen LNG-Exporte nach Japan, Südkorea und Taiwan. Japan nimmt 43 Prozent der weltweiten LNG-Mengen auf, weil es aufgrund seiner geografischen Lage nicht an das Pipeline-Netz angeschlossen werden kann. Auch die USA und Spanien importieren bedeutende Mengen LNG. Spanien, Frankreich, Italien, Belgien, Portugal und Griechenland importierten bereits 2004 mehr oder weniger große Mengen Flüssiggas.

Großbritannien kommt neuerdings hinzu.

In zahlreichen Ländern entstehen neue Terminals, an denen die LNG-Tanker anlegen können in Norwegen, Italien, Großbritannien, den USA, Mexiko, China. Auch Kroatien, Polen und die Ukraine wollen ins LNG-Geschäft einsteigen.

Deutschland derzeit noch zurückhaltend im LNG-Geschäft

Für Deutschland sind die eingangs gestellten Überlegungen hinsichtlich hoher Abhängigkeit und wachsenden Erdgasbedarfs auf alle Fälle relevant. Wir decken rund 23 Prozent unseres Energiebedarfs durch Erdgas. Davon stammen rund 85 Prozent aus dem Ausland, allein 34 Prozent aus Russland. Im Falle eines Festhaltens am Atomausstieg wird unser Erdgasbedarf weiter rasant ansteigen. Bisher kommt alles über Pipelines. Um Flüssigerdgas zu nutzen, fehlt es uns allerdings an der Infrastruktur. Man bräuchte spezielle LNG-Schiffe, Umschlagterminals, Lagertanks und Verflüssigungsanlagen. Damit Deutschland im eigenen Land direkt Flüssiggas anlanden könnte, bräuchte es einen geeigneten Hafen, sprich einen, dessen Fahrrinne tief genug ist für die riesigen Liefertanker.

Doch die großen deutschen Energieversorger sind bisher mit ihren Aktivitäten im LNG-Geschäft zurückhaltend, bringen sich aber allmählich in Position.

Die Eon-Tochter Ruhrgas reaktiviert ihr Vorhaben, in Wilhelmshaven eine Anlandestation für Flüssiggas zu bauen. Die Pläne dafür sind schon 20 Jahre alt. Das Projekt würde rund 500 Millionen Euro kosten. Geplant ist ein Importterminal mit Regasifizierungsanlage und Speichertanks für den Import eines Gasvolumens von 10 Milliarden Kubikmeter. Der Betrieb könnte Ende 2010 loslegen. Eon prüft den Bau eines LNG-Terminals in Kroatien mit einem Investitionsvolumen von rund 500 Millionen Euro. Außerdem will der Konzern in das lukrative LNG-Geschäft mit Katar einsteigen und hofft, bei der nächsten Vergaberunde für Projekte dabei zu sein.

RWE will ins ägyptische LNG-Geschäft mit einsteigen und sich am Bau einer Verflüssigungsanlage im Nildelta beteiligen. Vor zwei Jahren hatten die britische BP und die deutsche RWE Dea 40 km vor der Küste Ägyptens das Gasfeld Raven entdeckt.

Auch der Wiesbadener Anlagenbauer Linde AG profitiert von der steigenden Nachfrage nach LNG. So wird Linde beispielsweise die Großanlage in Norwegen bauen, in der das Gasvolumen um das Sechshundertfache verkleinert und damit verflüssigt wird. Seit 2002 hat das Unternehmen 2,5 Millionen Ingenieursstunden in das Projekt investiert. (5), (6)

Das deutsche Mineralölunternehmen BP zählt sich zu den größten LNG-Lieferanten weltweit und hat in vielen Ländern dieser Welt seine Finger im LNG-Geschäft. Als nächstes will BP wohl von der Brass LNG in Nigeria ab dem Jahr 2010 pro Jahr zwei Millionen Tonnen verflüssigtes Erdgas kaufen und damit die wachsenden Märkte Großbritannien und USA beliefern. (7)

Und last but not least spielen deutsche Unternehmen bei der Finanzierung der wachsenden LNG-Flotte eine wichtige Rolle. LNG-Schiffsfonds werden aufgelegt, Banken beteiligen sich an der Finanzierung der Anlagen an Land.

Fazit

Europa und auch Deutschland wird künftig verstärkt LNG nachfragen (müssen), wenn es sich ernsthaft vom russischen Pipeline-Gas unabhängiger machen will. Nur eine Renaissance der Atomenergie könnte dem Flüssiggas-Boom einen Dämpfer versetzen.

Fallbeispiele

Norwegen baut derzeit Europas erste Erdgasverflüssigungsanlage

Norwegen besitzt nach Russland die meisten Gasreserven Europas. Im Eismeer des hohen Nordens im Feld "Snøvhit", auf deutsch "Schneewittchen, in der Barentsee, 140 Kilometer vor Hammerfest schlummern riesige Gasreserven. Davon sollen künftig jährlich rund sechs Milliarden m3 verflüssigt und verschifft werden. Dies entspricht rund sechs Prozent des jährlichen deutschen Gasverbrauches. Der Transport über herkömmliche Pipelines durchs raue Eismeer wäre viel zu teuer und technisch kaum machbar. Daher soll das Gas nun auf eine kleine Insel namens Melkøya unmittelbar vor Hammerfest gepumpt, dort verflüssigt und dann in alle Welt verschifft werden. Als Partner an dem norwegischen Mammutenergieprojekt sind auch die deutschen Linde-Anlagenbauer beteiligt. (8), (9)

Italien hat den Bau eines LNG-Terminals vor der toskanischen Küste genehmigt

12 Meilen vor der Küste zwischen Livorno und Pisa soll eine auf 4 Mio. m3 LNG ausgelegte Offshore-Plattform mit einer dazugehörigen Unterwasserpipeline entstehen. (10)

Russland, Europas Nummer 1 im Erdgasgeschäft, hält sich auch im Flüssiggasgeschäft seine Türchen offen

Am Ende der Ostseepipeline will der russische Energieversorger Gazprom bis 2010 eine 1,2 Milliarden Euro teure Gasverflüssigungsanlage bauen. Hauptabnehmer des dort verschifften Erdgases wird nicht das nahe Europa, sondern das ferne Kanada sein, das sich an diesem LNG Baltic genannten Projekt beteiligt hat. Mögen Altbundeskanzler Gerhard Schröder und Putin noch lange gute

Freunde bleiben, damit nicht eines Tages Deutschland dem Beispiel Ukraine folgen muss, weil Putin & Co. ihr Gas in Nordamerika lukrativer verkaufen können als in good old Germany und daher ihr Erdgas auf die Schiffe verladen anstatt es durch die Pipeline zu jagen. (11)

Ägypten ist der Newcomer 2005

Die Ägypter haben inzwischen ebenfalls das Gas entdeckt und exportieren seit letztem Jahr Flüssiggas im großen Stil. In Damietta und Edku stehen bereits zwei Anlagen zur Gasverflüssigung. Eine weitere ist im Nildelta geplant. (4)

Iran und Katar wollen auch mitmischen

Sogar der **Iran** will viele Milliarden in den Bau von LNG-Anlagen investieren und sucht Abnehmer für sein verflüssigtes Gas. (12)

Katar

, das 743 000 Einwohner kleine Emirat am Persischen Golf, besitzt die drittgrößten Erdgasreserven der Erde und verfolgt konsequent sehr ehrgeizige Pläne im Energiebusiness. In Kürze will es zum weltgrößten LNG-Exporteur aufsteigen. Der staatliche Konzern Qatar Petroleum will ab 2011 mit seinen Verkäufen von Rohöl, GTL und LNG der nach Aramco und Gasprom drittgrößte Energielierferant der Welt sein. Bereits jetzt legen täglich von Ras Laffans künstlichem Hafen Supertanker ab, breit wie ein Fußballfeld, mehr als 300 Meter lang, hoch wie 13 Stockwerke - und prall gefüllt mit LNG: auf minus 162 Grad heruntergekühltem, verflüssigtem Erdgas. Das Land will seine LNG-Flotte von 20 auf 90 Schiffe erweitern und die Kapazitäten erheblich steigern. Die bisher größten befördern 153 000 Kubikmeter Flüssiggas, die neue Generation soll eine Kapazität von 217 000 Kubikmeter haben. 14 Gasverflüssigungsanlagen werden bis 2011 gebaut sein. In Ras Laffan entstehen die beiden größten Verflüssigungsanlagen der Welt. (3), (13)

Zahlen & Fakten

Top 5 LNG-Exporteure und LNG-Importeure 2004

Top 5 LNG-Exporteure (2004)		
Land	LNG-Exporte in Mrd. m3	Anteil am Welt-LNG-Export
Indonesien	33,5	18,8%
Malaysia	27,7	15,6%
Algerien	25,8	14,5%
Katar	24,1	13,5%
Trinidad & Tobago	14,0	7,9%

Top 5 LNG-Importeure (2004)		
Land	LNG-Importe in Mrd. m3	Anteile der wichtigsten Lieferländer 2004
Japan	77	Indonesien 27,5%, Malaysia 21,6%, Australien 14,5%, Katar 16,8%, Brunei 10,8%
Südkorea	29,9	Katar 26,8%, Indonesien 24,4%, Malaysia 20,9%
USA	18,5	Trinidad & Tobago 70,8%, Algerien 18,4%
Spanien	17,5	Algerien 37,7%, Nigeria 27,4%, Katar 22,3%
Taiwan	9,1	Indonesien 55,0%, Malaysia 45,0%

Quellen: BP Statistical Review of World Energy June 2005, HypoVereinsbank

Entnommen aus: HypoVereinsbank AG, Verflüssigtes Erdgas (LNG). Ein Markt im Fokus, Februar 2006, www.hypovereinsbank.de

Weiterführende Literatur

(1) HypoVereinsbank AG, Verflüssigtes Erdgas (LNG). Ein Markt im Fokus, www.hypovereinsbank.de aus Börsen-Zeitung, 03.03.2006, Nummer 44, Seite 2

(2) McKinsey: Kompromisse in der Energiepolitik nötig Studie rät zum Kurswechsel: Ziele bei Klimaschutz, Wirtschaftlichkeit und Versorgungssicherheit sind mittelfristig unvereinbar
aus DIE WELT, 30.03.2006, Nr. 76, S. 12

(3) Flüssiggas wird das Erdöl des 21. Jahrhunderts. Das winzige Emirat Katar setzt voll auf den Rohstoff - und erlebt einen märchenhaften Aufstieg
aus Financial Times Deutschland vom 17.03.2006, Seite 31

(4) Sucher, Jörn, Europa zapft jetzt Flüssiggas, Spiegel Online, 23.03.2006
aus Financial Times Deutschland vom 17.03.2006, Seite 31

(5) O.V., Presse: E.ON plant Bau von LNG-Terminal in Kroatien, aktiencheck.de, News DAX 100
aus Financial Times Deutschland vom 17.03.2006, Seite 31

(6) Gaseinkauf in Afrika angestrebt Der Ruhrgas-Vorstandsvorsitzende prüft den Bau eines LNG-Terminals an der nördlichen Adria
aus Börsen-Zeitung, 18.01.2006, Nummer 12, Seite 9

(7) BP baut LNG-Geschäft aus
aus WIRTSCHAFTS-INFORMATIONS-DIENST ENERGIE vom 10.Februar 2006

(8) LNG aus der Kälte

aus www.powernews.org Meldung vom 10.01.2006 - 12:20

(9) Deutschland soll den eiskalten Krieg verhindern
aus Frankfurter Allgemeine Sonntagszeitung, 02.04.2006, Nr. 13, S. 7

(10) Toskanisches LNG-Terminal nimmt letzte Hürden
aus www.powernews.org Meldung vom 21.02.2006 - 15:18

(11) Gas-Pipeline Gas-Pipeline ohne Druck Russen und Kanadier bauen Flüssiggashafen als Alternative zur Ostsee-Leitung
aus Berliner Morgenpost, 05.04.2006, Nr. 95, S. 6

(12) Iran pokert mit seinem Gasreichtum
aus Handelsblatt Nr. 014 vom 19.01.06 Seite 6

(13) Kleinstaat mit großem Ziel
aus Frankfurter Allgemeine Zeitung, 20.03.2006, Nr. 67, S. 12

Impressum

Flüssiggas - Einstiger Exot der Energiebranche hat Konjunktur

Bibliografische Information der deutschen Nationalbibliothek

Die Deutsche Nationalbibliothek verzeichnet diese Publikation in der deutschen Nationalbibliografie; detaillierte bibliografische Daten sind im Internet über http://dnb.d-nb.de abrufbar.

ISBN: 978-3-7379-2328-6

© 2015 GBI-Genios Deutsche Wirtschaftsdatenbank GmbH, Freischützstraße 96, 81927 München, www.genios.de

Alle Rechte vorbehalten. Dieses Werk ist einschließlich aller seiner Teile – z.B. Texte, Tabellen und Grafiken - urheberrechtlich geschützt. Jede Verwertung außerhalb der Grenzen des Urheberrechtsgesetzes bedarf der vorherigen Zustimmung des Verlags. Dies gilt insbesondere auch für auszugsweise Nachdrucke, fotomechanische Vervielfältigungen (Fotokopie/Mikroskopie), Übersetzungen, Auswertungen durch Datenbanken oder ähnliche Einrichtungen und die Einspeicherung und Verarbeitung in elektronischen Systemen.